나유순 시집

노을은 청춘을 걸어두었다

성문디자인

작가의 말

지나온 시간이 주마등처럼 스쳐 갑니다
힘든 시기에 시(詩)는 버팀목이 되어
날개를 달아주었습니다

"인생은 백 년
시(詩)는 천년"을 간다

나는 그 길을 걸어갑니다.

내 속에 있는 것들을 시원하게 끄집어
써내지 못하는 부족함을 느끼지만 많은
응원과 사랑 주시면 감사하겠습니다.

가을 길목에서
서정시인 나유순

목차

1부 쉼터가 되어준 강

계절 잃은 동백 / 10
봄이 오는 길목에서 / 11
칼랑코에 / 12
분단의 아픔 / 13
억새 / 14
내 안에 그림자 되어 / 15
눈 덮인 숲 / 16
눈 내리는 밤 / 17
아버지의 바다 / 18
메밀 베개 / 19
인생 여정 / 20
덧없는 욕심 / 21
나는야 하이에나 / 22
1. 설국열차 / 23
양들의 합창 / 24
쉼터가 되어준 강 / 25
설산 / 26
2. 설국열차 / 27
풀 내음 거기 / 28

2부 노을은 청춘을 걸어두었다

노을은 청춘을 걸어두었다 / 30
세향다원 경전소리 / 31
그곳에 가면 / 32
먹이 사슬 / 33
능소화 연정 / 34
풍선초 / 35
바람의 언덕 / 36
근력 저하증 / 37
요양원에서 / 38
너울 파도 / 39
언덕 위의 집 / 40
낙화하는 널 보며 / 41
청산에 살고 싶네 / 42
추억 속으로 / 43
저녁노을 / 44
할머니 사랑 / 45
눈물도 나비가 된다 / 46
꿈꾸는 정원 / 47
도라지꽃 사랑 / 48
나는 기다리네 / 50
언제 이렇게 컸나 / 51
나를 변화시키는 것 / 52
그대 바라기 / 53

3부 여로

사월이 가기 전에 / 56
얽힌 매듭 / 57
비 오는 날의 수채화 / 58
꽃비에 젖은 봄 / 59
물오른 고로쇠 / 60
봄이 오는 소리 / 61
어느 시인의 이야기 / 62
종달새 노래 / 63
그해 오월 / 64
별은 내 가슴에 / 65
혹한 속 화초 / 66
들리시나요 / 67
고향 산천 / 68
봄 봄 / 69
생명의 숲 / 70
수레국화 / 71
푸른 오월 / 72
산천의 봄 / 73
춤추는 봄 / 74
용문사 / 75
산수유 / 76
벚꽃 / 77
봄이 오는 내 고향 / 78

여로 / 79
모정의 요람을 딛고 / 80
추억을 먹는다 / 81
꽃물이 들었어요 / 82
고향의 봄 / 83
주고 싶은 마음 / 84
천년 누각 / 85
촛대바위 / 86
고향 가는 길 / 87
글쎄 있잖아요 / 88
어서 오세요 / 89
아버지의 자전거 / 90
한라산 영실을 품다 / 91
바람꽃 / 92
봄비 / 93
양귀비꽃 / 94
꿈의 궁전 / 95

4부 희망가

다비식 / 98
시인의 노래 / 99
산골의 아침 / 100
희망가 / 101
비밀의 오솔길 / 102
나는 울지 않으리 / 103
휴케라 / 104
유일한 희망 / 105
가을 소나타 / 106
핑크뮬리 / 107
희망의 날갯짓 / 108
청춘의 기개 / 109
가을 향기 / 110
가을은 / 111
산정호수 / 112
화려한 외출 / 113
가을 풍경 / 114
연서 / 115
선물 같은 하루 / 116
늦가을 산책 / 117
만학의 꿈 / 118
나유순 시집 『노을은 청춘을 걸어두었다』 평설 / 119

1부

쉼터가 되어준 강

계절 잃은 동백

잔잔한 바다는
마음을 어루만지고

가로수 노란 은행잎
가을을 붙들고 있는데

바람의 언덕
쉼 없이 돌고 도는 풍차는
훈풍에 돛 달고

동피랑 동포루 언덕
계절 잃은 동백꽃이
봄을 불러 활짝 웃네

봄이 오는 길목에서

산마루 걸린 구름과 구름 사이
여의주 머금은 듯
태양은 신비 속 빛을 발하고

산등성 울타리
서로 온기 나누며
찬바람에 봄 오기만 기다리고 있구나

굽이굽이 휘돌아 가는 산길 따라
반짝이는 태양 아래 청아한 물소리

가끔 청둥오리 자맥질에 놀란 물고기
뛰어오르는 긴장에 햇살 아래 번뜩이자

수양버들 머리 풀어 헤치고
봄은 그렇게 소리 없이 다가와
겨울을 저만치 밀어내고 있는지 모르겠다

칼랑코에

한 시절 어디선가 사랑받던 화초가
이유도 모른 채 길 위를 배회하며
고통 속에 떨고 있다

온몸 드러내고 추위에 떨며
목이 말라 울지도 못하고
가는 발길 붙잡는다

버려진 삶 입양하여 고운 화분에
새집 지어 햇살이 드나드는
창가 보금자리

시들어 가던 잎새는
어느새 푸르른 생을 되찾고
따스한 햇살 아래 피고 지고
송이송이 물오른 꽃이여

분단의 아픔

푸른 파도는 쉼 없이 찰랑거리며
분단의 아픔을 아는지 모르는지
지평선 아래 숨을 고른다

금강산 육로 철길도 누워버린
기약 없는 동면에
철책선만 휘감아 선 긋고

한반도 허리를 딛고 동편에 서서
일만 이천 봉 중
해금강 한 봉오리 바라보니

갈매기는 거칠 것 없이 오가는데
지척에 두고도 못 만나는
분단의 기약 없는 하세월

동포여 형제여
해금강 바다에 몸 담그소서
나 여기 온몸 적셔 받자 올 테요

억새

병풍처럼 펼쳐진 산등성
설원으로 덮여 손짓하고

물방울 상고대 윤슬 반짝이며
탄성을 자아내는 시간

휘몰아치는 매서운 바람
푸르던 청춘 흐르는 세월 속
팔다리 힘 잃어 사위어가는 순간까지

하얀 고깔모자 쓰고 한들한들 춤사위
반기는 넌 아름다운 꽃이었네

내 안에 그림자 되어

마지막이 될 것 같아 많이 보냈다
김장철이면 몇 해를 그리 말씀 하시곤
친정에서 보내주는 김장 김치

통증으로 병원에 달려가셨을
부모님 생각에
김치 하나면 밥 한 그릇
뚝딱 비워지는 손맛이지만
차마 맛있다는 말도 안으로 삼키며

이젠 다 내려놓으셔도 되시련만
평생을 당신의 고단한 삶을 뒤로하고
자나 깨나 자식 사랑
그 크신 사랑 어찌 다 보은하리오

눈 덮인 숲

숲은 겨울을 품습니다
나뭇가지에도 겨울이 내려앉아
은빛 윤슬로 피어납니다

평화로운 언덕 위 뛰노는 노루
새들의 노랫소리 숲을 깨워요

창문 너머 새하얗게 덧칠한 설원을
걸어올 널 기다리는 마음 언저리
그리움입니다

눈 내리는 밤

아랫목이 뭉근하게 올라와
데이도록 타들어 간 장작도
허연 재로 누워

깊숙이 묻어둔 그리움
부질없다 손사래 치며
잔바람에도 이리저리 흩어지네

얼룩진 마음 비질하듯
하염없이 눈이 와
하얗게 메운 자리

푸드덕 새 한 마리
밤을 가르며 정적을 깨우고
포근히 안겨 오는 밤

아버지의 바다

창밖 끊지 못한 탯줄을 달고
비가 오나 눈이 오나
아버지와 아들은
험난한 길을 나선다

자라지 못한 아이의 지능
척추 측만증으로
걷기도 힘든 아들

나가고 없는 세상
험난한 길을 열어 주고 싶은 아버지

한줄기 심지를 부여잡고
오늘도 아버지와 아들은
탯줄을 끊기 위해
쉼 없이 길을 나선다

메밀 베개

잠 못 이루고 뒤척이니
메밀 베개 하나 만들어 줄까
머리가 시원해서 잠이 잘 온단다

흐르는 물에 흔들어 씻고 헹구길 여러 번
쩍쩍 금 간 손등엔 푸른 냉기 서리고

덕석에 고루 펴서 알알이
엄마 품속 같은 햇살 입혀

굵은 안경 너머 한 땀 한 땀 기우는 바늘 끝
당신 통증을 뒤로하고
자식 건강 챙기시던 어머니

뒤척일 때마다 자그락자그락
엄마 자장가 같아 스르르 깊은 꿈결

인생 여정

얼어버린 강을 가르며 북극인 양
유람선 미끄러지듯 달려가고

얼음꽃에 한창인 남이섬
연인들 발길 멈추고
임의 모습 담아낸다

도란도란 둘레길
인생 여정에 손잡고 함께 갈
벗 있어 좋지 않은가

덧없는 욕심

푸르던 산야 된서리에
꽃 피우지 못하고
누워버린 잎새엔

내 것인 양 서리꽃 피워놓고
시린 바람 부여잡고 터를 잡지만

불어오는 동장군
설원으로 덮어 몸부림친들

잠시 빌려 입고 가는 인생
무엇을 가지려 덧없는 욕심 내는가

나는야 하이에나

굴참나무 사이로 쏟아지는 햇살
강물에 반짝이는 윤슬

불어오는 바람에 옷깃 여미며
시어 찾아 킁킁대는
나는야 하이에나

마장호수 출렁다리 서걱이며
목젖에 걸린 시어 넘기지 못하네

석양은 산자락에 걸려 그림자 드리우고
삽살개 집으로 향하는데

찬바람 맞으며 해 저무는 줄 모르고
헤매는 나는야 하이에나

1. 설국열차

설악산 굽이굽이 능선 따라
하늘 향해 치닫는 설국열차

눈 덮인 설산 수묵화 그려놓고
달리는 황혼 녘 쌓인 눈 밟으며

한계령 휴게소 정상에 올라
포근한 등불 아래 깊이 우려낸
차 한잔에 설악을 품는다

양들의 합창

선자령에서 부는 바람은
백두대간을 넘어
대관령에서 쉬어가고

드넓게 펼쳐진 새 하얀 설원
사뿐사뿐 걷노라니

얼어버린 발자국 따라
미끄러지며 너의 고운 춤사위

푸른 옷 갈아입은 봄이 오면
알프스산맥 요들 송이 들려올 것 같은

눈구름 띄워 놓은 푸른 하늘
마음마저 정화해 주는

천진난만 양들의 합창
대관령 자락에 봄을 불러
푸른 초원 수놓는다

쉼터가 되어준 강

강가 카페
찻잔 들고 창가에 앉아
무심히 강을 바라본다

산 정수리 긴긴 겨울밤
강 마을에 든든한 울타리
바람과 맞서 언덕이 되어주고

산그림자
잔잔한 강물에 내려와
달과 별을 품고 길게 눕는다

하나둘 전등이 켜지고
휘어진 허리
허기진 저녁을 짓고

퇴근 시간 각각인 식구들
혼밥 이골 난 각자도생
강물에 너울너울 네온사인

어느새 길게 눕는 반영은
내일의 시작이다

설산

뿌연 회색빛 답답한 속 굽이굽이 질주하듯
설악 능선길을 달려 마주한 설산

화석처럼 등뼈를 드러낸 능선
눈 덮인 산자락 내밀한 곳까지
다 보여주고

옷가지 벗어버린 나목은
능선 울타리 어머니 품속인 듯
휘어진 능선 더듬고

설산 아래 아늑한 계곡을 끼고
옹기종기 모여든 인가

고향인 듯
얼어붙은 마음 어루만진다

2. 설국열차

초원 위에
한가로이 풀을 뜯는 느림의 여백

높이 솟은 지붕
굴뚝 위로 몽글몽글
피어오르는 열차는
스치듯 뒷장을 넘기며

살자 하고 먹자 하고
간이역도 없이 달리는 여정

시린 바람에 찢기고
구멍 난 상처 다독이며
발갛게 수놓아

지는 해 바라보며 훨훨
리기 산악 열차는
은빛 설산 펼쳐놓고
다 내려놓으라 하네

풀 내음 거기

돌담 밑 장독대 화단 복수초가
눈을 이고 반기는 곳

가마솥 긴 나무 주걱 타고 오르는 콩 내음
툇마루 다듬이가 하늘 천 따지 빼곡히 적힌
벽지 타고 읽힌다

정갈하게 차려진 손두부 부침 산나물
명이 장아찌 종지에 담긴 물김치에
입맛 찾아가는 그곳엔

내 할머니같이 그리움 가득
구수한 청국장 뚝배기가 끓고 있다

2부

노을은 청춘을 걸어두었다

노을은 청춘을 걸어두었다

해변 맞닿은 두렁
지천으로 피어있는 메꽃
귀를 열고 입을 열었나

고우들 이야기는
정수리에 꽂혔다가
팔랑팔랑 푸른 잎으로
내려앉아 까르르 까르르

밀려오는 추억은
발등으로 내려앉아
꼼지락꼼지락

그칠 줄 모르는 이야기
바다 붉은 노을에 너울너울
청춘을 걸어두었다

세향다원 경전소리

유월의 청평사
푸른 햇살 나무 타고 내려와
폭포수 맑은 물에
새소리 앉혀놓고

세향다원 은은한 커피 향에
스며드는 경전 소리
세속의 찌든 허물
녹수에 말갛게 헹궈

오봉산 정수리에 합장하고
마음 일으켜 바로 하니

상사뱀 해탈
세세토록 극락왕생
청평사 생명수로 흐르네

그곳에 가면

동해 칠번 국도
비릿한 바람 따라
달리고 달려

해초 내음
훅하고 자극하는
백 섬 해상에 오르지

수평선 망망대해 넘실대는 파도 따라
갈매기 떼 끼룩끼룩
철썩철썩 좌르르

바위에 비비고
쳐대고 방망이질
말갛게 헹궈 다듬고 정돈하지

먹이 사슬

베짱이인가
한 줄 선 그어놓고
그네 타기 시작한다

흔들흔들 슬로
하루살이 한 마리 주의를
맴돈다

확장해 가는 그네
더 세게 더 강하게
허공을 넓혀 구름에
걸쳤다

아뿔싸

하루도 못 살고
거미줄에 생을 맡긴다

능소화 연정

고택 장독대
고사목을 휘감고 올라
능소화가 불 밝히고 있다

주황색 저고리에 녹색 치마 두른
스물여섯 내 어머니같이
곱던 능소화가

구름 위에 사다리를 걸치고
훠이훠이 올라간다

녹색 치마 붙들고 따라가면
허기진 마음 다독여질까

주홍빛 저고리에 안겨보면
그리움 다 채워질까

천장에 링거 매달고
날 오라 손짓하시던
기억 하나 남기시고
홀연히 떠나신 어머니

사랑합니다

풍선초

뭘까

손대면 톡 하고
쏟아 놓을 것 같은 주머니

처마 밑 줄을 타고
고택 지붕 위
애드벌룬처럼 줄줄이

하나 하나에
소망을 걸어두고

저 달에 닿도록
저 별에 닿도록

오르고 또 오르면
가 닿을까

바람의 언덕

하늘과 바다의 경계를 허물고
그 어떤 경계도 없는

구름 카펫 드리운
푸른 파도 일렁이는 동해

등대 카페 시원한 커피 한잔에
짙게 스미는 파도 소리

돛단배 도란도란 사랑 싣고
구름 카펫 춤사위
뱃고동 울린다

근력 저하증

청춘이 나를 부른다

내 근력이
할 일을 떠받치지 못하고
휘청거린다

어르신들을 모시며
힘에 부쳐 손길이 닿지 못할 때의
안타까움

주저앉아 가다듬는 호흡
내 근력이 세상을 떠받칠 줄 알았다

그래도 할 일이 환히 보이니
오늘의 내 근력을 팽팽하게
잡아당겨 본다

요양원에서

옛 기억 속에 갇혀
아이 찾아 이방 저방

혹여 아들 면회 오면
바쁜 데 어서 가라시며
먼저 자리를 뜨시곤

어느새 기억 저편에 서서
집에 가는 차가 몇 시에 있는지 물으시며

집에 가게 문 좀 열어줘요
하십니다

꺼져가는 불씨를 부여잡고
오직 자식 하나 잘 되길
바다보다 깊은 사랑

어머니

너울 파도

바다 건너 섬 하나
누가 살길래 각을 세우며
두 물이 층을 이루며 섞이지 못하나

세상은 역병에 변이 바이러스
정치판 지키지 못할 공약에
퍼주기 나랏빚 요지경

반석 위에 세워야 할 나라가
너울 파도만 타는 미친 광대 춤사위

거짓 분탕질 안개 속
온갖 위선에 나라는 안중에 없고
왕좌에 오르면 그만이더냐

언덕 위의 집

푸른 초원이 내다보이는
이름 모를 야생화 피고 지는 언덕 위에

남으로 큰 창을 내
햇살이 포근히 안겨 오는 곳에
집을 짓겠소

정성껏 가꾼 아름드리나무에
새들도 불러 함께 노래하면 좋겠소

작은 연못엔 수련을 띄워
뽀얀 얼굴로 수줍게 고개 내밀 널 그리며

돛단배 띄워 유유자적 노닐며
저녁노을에 젖어
시 한 수 읊조려도 좋겠소

* (사)종합문예유성 가곡 5집 수록곡

낙화하는 널 보며

고즈넉한 고택
담장을 넘는

능소화 툭툭 떨구는
꽃길을 걸었어

낙화하는 널 보며 심쿵
이듬해 곱게 피어

까치발 들고
다가올 널 그리며

기다리기로 했어

청산에 살고 싶네

차창 넘어 주르륵 한줄기
흘러내리는 그리움

넘고 넘어 긴 터널 지나
짙은 녹음 피어나는 운무

별을 헤는 밤이면
반딧불이 춤추는 언덕에 올라

시 한 수 노래하는

지천에 야생화 활짝 웃고 반겨주는
청산에 살고 싶네

추억 속으로

산새들 노래하고
야생화 피고 지는 청산에
비밀의 정원 있네

매혹적인 붉은 접시꽃
달맞이 한들한들 피어있는 길

어느 임을 기다리기에
하얀 초롱꽃 오종종히 매달고
까치발 세우고 서 있나

앞산 마루 피어오르는 운무는
추억 속 그 소녀
소식 전하고 있으려나

저녁노을

저 높은 곳이 좋아
오르고 또 오르다
뒤돌아선

내 안의
그림자 되어

붉게 타오른
저녁노을

가만히 지친 어깨
기대어

황혼의
아름다운 여정

따스한
등불 밝혀 맞으리

할머니 사랑

천장에 링거 매달고
날 오라 손짓하시던 어머니

아린 가슴 모정의 여운을 남기고
어찌 떠나셨나요

어머니 그리움에 사무쳐
아파했던 많은 날
눈물 닦아주시던 할머니

정작 당신의 흐르는 눈물이
발등을 두드려도

고사리 같은 손녀 꼭 보듬고
가슴으로 울었을 할머니 사랑

눈물도 나비가 된다

옛 기억 속에 갇혀
아들이 둘이고 딸이 다섯이면 뭐하냐

기차 타고 배 타고 물 건너가야 하는데
여기서 또 저녁 먹게 하나

애달픈 마음
평소에 불던 하모니카 손에 들려주니

하모니카 애절한 소리
먼 길 가신 할머니 그리움에
눈물도 나비가 된다

그 나비
내 가슴을 타고 내려와
내 눈물 닦아준다

* 요양원에서 어르신들 모시며....

꿈꾸는 정원

구불구불 정겨운 길 따라
장인의 예술혼 춤추는
구름 향나무

순백의 달덩이 수국
등불 밝혀 반겨주는
비밀의 정원

폭포수 흐르는 연못
정겨운 정각
수련 목 곧추세우고

도란도란 연인들
맑은 계곡물에 발 담그고

물장구치며 오가는 눈길
피어나는 세레나데

도라지꽃 사랑

별빛이 흐르는 밤하늘
흐르는 별빛 아래 하나둘
피어나는 꽃

칠월이면 장독대 옆엔
별을 닮은 도라지꽃이
피어났었지

유난히도 도라지꽃을
좋아하셨던 나의 할머니

어린 시절 머 언 하늘길
떠나신 어머니

엄마 그리운 마음에
병 깊어 앓아누울 적

잠들 때까지 아픈 곳
쓸어 주시던 그리운 할머니

사무친 그리움
잊을 수 없는 크신 사랑

못 잊어 못 잊어
애타게 불러 봐도
닿을 길 없어

별이 고운 밤
잠시만 아주 잠시만

그대 곁에 머물다 갈래요

* (사)종합문예유성 가곡 1집 수록곡

나는 기다리네

정제 살강에 걸려있는 소쿠리
삼베 보자기 깔고 앉은 보리밥
나를 기다리네

엄마 밭에 일하시느라
끼니 놓칠까 달아놓은 밥
어서 먹으라 나를 기다리네

뙤약볕 비 오듯 땀을 훔치며
관절로 통증 다독이실 어머니

뒤란에 고추 따 씻어 놓고
기다려도 아니 오시고
달아놓은 밥 바구니 올려다보네

언제 이렇게 컸나

손수건 빨듯
손바닥만 한 딸의 바지

빨랫줄에 널어
하늘 높이 장대 꽂았네

구름이 턱 괴고
요리 보고 저리 보며

햇살이 다가와 토실토실
살찌우고

바람이 바지 속 드나들며
늘인 길이

어느새 이렇게 컸나
장대만 해졌네

나를 변화시키는 것

시인은 언어의 연금술사
퀴퀴한 책장을 넘기며
사전이 따라붙어

허기진 배를 움켜잡고 해 저물도록
미각 후각 시각 촉각 청각 열어
산으로 들로 후미진 곳 킁킁거려

지지고 볶고 간을 봐
싱거우면 소금 후추 고춧가루
심지어 액젓을 넣어봐
MSG도 살짝궁

하루 이틀 한 달 두 달
곰삭을 때까지 담금질하지

그대 바라기

쉼 없이 흐르는 강물 따라
후드득후드득 차창 타고
흘러내리는 난타에
여민 가슴 그대 바라기인가

앞산 자락 피어오르는 운무에
수묵화 한 점
베일에 싸여 먹구름 드리울 때

비우고 비워내도 흔적 없는 연잎에
따사로운 햇살 한 줌 그대 바라기

한 송이
연꽃으로 피어나리

3부

여로

사월이 가기 전에

연둣빛 사월
초록 물 드려
오월에 내어주려나 봐요

몸살을 앓는지
대낮에 어둠이 내려오고
우르르 꽝꽝
무릎까지 적셔와요

흘러내린 푸른 비에
숲이 달려오고
요염한 장미 곁눈질
실눈 깜박거려요

얽힌 매듭

골짜기 타고 흐르는
청량한 벽을 기어올라

언덕배기 얼기설기 얽힌 줄기
가시덤불 이리저리 헤치고
다래 순 따다 보니 풀린 매듭 일렬종대

한 줄기 두 줄기 꿰매듯
새순 돋아 마음 밭에 수놓으면
내 맘 전해질까

비 오는 날의 수채화

연둣빛 숲속
토닥토닥 두드리는 봄비

방울방울 젖어 드는
향긋한 내음

비가 와 미끄러워 조심하세요
두견화 수줍은 웃음

우산을 준비 못했어요
멋쩍게 웃으며 스쳐 가는 싱그러움

산은 어머니 품속
그립고 그리워
오르고 또 오른다

꽃비에 젖은 봄

교통방송 FM95.9 맞춰
팔당 다리 흐르는 물결 따라
흥얼흥얼 콧노래

호젓한 강변 벚꽃잎 휘날리는
다산 유적지에 이르지

사월은 수수꽃다리
달콤한 향기에 취해
쭉쭉 뻗은 조팝꽃 화환
신부인 양 머리에 두르지

벚꽃잎 꽃비 되어 훨 훨
이리저리 유영하는
꽃비 맞으며 젖은 봄

꽃샘추위 봄바람에 물비늘
철썩철썩 좌르르 바다를 그렸네

물오른 고로쇠

잔설 남은 골 깊은 산
얼음장 밑 흐르는 물소리
생기를 불어넣고

봄 햇살 한 줌 말아
동면에 든 고로쇠 가지
물기 밀어 올릴 즈음

드릴 밀착한 윙 소리가
고로쇠나무를 깨운다

겨울잠 자다 통증에 깨어났는지
똑똑 선혈 토해내며 수정 같은
눈물 스님께 보시한다

고수레로 먼저 입맛 다셨으니
먹어도 된다는 스님 말씀에
내 몸도 수액으로 팔팔하게 깨어난다

봄이 오는 소리

추녀 끝
서슬 퍼런
칼바람 부여잡고
쩌렁쩌렁 동장군

떠날 기세 보이지 않던 고드름
입춘에 힘없이 매달려
똑똑 동토를 적시고

꽁꽁 얼었던 개울 밑으로
또르르 봄을 부르는 소리
꼬물꼬물 들썩이는 봄

어느 시인의 이야기

금낭화 꽃등 켜고 반겨주는
아늑한 산장에는

이루지 못한 소녀의 추억을
노래하는 어느 시인의
이야기 들을 수 있지

지금쯤 꽃망울 머금고
천상의 몸짓으로 피는
산목련

곱던 산목련이
그리움의 그 소녀처럼
단아한 모습은 아닐지

청아한 계곡 물소리
야생화 피고 지는 언덕 위에
산목련 곱게 피어있겠지

* (사)종합문예유성 가곡 6집 수록곡

종달새 노래

마음 창 열어놓고 반긴 봄
너와 나 부푼 꿈 향기 불어넣고

꽃 진 자리 초록 잎 돋아
햇살 한 줌 환한 미소 지을 때

구름 한 점으로 떠올라
종달새 되어 노래 부르니

보리밭 김매기 하던 임
소매 끝 땀방울 훔치며
손 흔드네

그해 오월

녹색 치마 밑
가시 하나 가린 채
장미가 월담하고

햇살 깔고 앉아
웃음을 흘린다

모퉁이 돌아오던 바람
오월이 저물기 전
가자 하고

바람난 진홍빛 향기
푸른 신록 안고 너울너울
숲으로 걸어간다

별은 내 가슴에

가던 길 멈추고
잠시 앉아 별꽃이라며
내게 건네주던 너

맑은 계곡 따라 별꽃이
지천으로 내려앉아
금빛 물결로 일렁인다

빛바랜 반백에
작은 풀꽃 설렘으로

달무리 무지개처럼 걸쳐
환한 미소로 떠올라
별빛으로 흐른다

혹한 속 화초

그리움이었을까

겨울나기 위해 베란다 있던
싸늘한 화초
거실에 들여와 손잡고
고운 정 나눴지만, 잎만 무성

시원찮아 베란다에 놓아둔 화분
따뜻한 봄 햇살 끌어안더니
꽃대를 밀어 올려
당당히 맞서고 있지 않은가

곱게 다듬어 물을 흠뻑 주었더니
얼었던 마음 함박웃음 짓고
은은한 향기로 살며시 안겨 온다

들리시나요

꽃샘추위 지나
입막음 마스크 속으로
살랑 안기며 사각거리는 바람 소리

동면 중인 가지에
생기 불어넣고
몽글거리며 들썩이는 소리

산 오르는 상춘객 재잘거림에
잠든 산야 기지개 켜고
쪼르르 흐르는 천상의 냇물 소리

가슴 설레며
청아하게 안겨 오는 희망의 소리
그대도 들리시나요

고향 산천

봄 햇살 가득 품고
정다운 고우들과

함께한 고향 산천
지금은 어디에서

흘러간 청춘을 불러
옛 추억을 더듬나

봄 봄

내 고향 양지 녘에
산수유 활짝 피어

벌 나비 나풀나풀
춤추며 웃는 중에

분실한 추억 하나
봄으로 와 안긴다

생명의 숲

보슬보슬 이슬비 머금은
연둣빛 향연 삼나물 앵초꽃
넘실대는 맑은 계곡

너 영 나 영
도란도란 이야기꽃
새소리 물소리

아홉 구비 구곡 혼 담아
하늘에 닿을 듯 높이 솟은 기암절벽

우렁찬 생명의 소리
산야를 깨우는 아홉 줄기
구곡 폭포

수레국화

보슬보슬 내리는 비에
흔들리며 젖은 너

언덕 위 청보랏빛 연분홍
어우렁더우렁

청사초롱 불 밝히고
여린 듯 고운 자태

바람결 휘어질 듯 일어선 춤사위
가던 발길 붙잡고

수레에 가득 실은
꽃 달구지 수레국화

푸른 오월

유유히 흐르는 한강
아침 햇살 은빛 윤슬
요동치는 마음 다잡고

오월의 푸른 산야는
흘러간 청춘을 불러
손 흔들어 주는 아카시아꽃

초등학교 등하굣길
가위바위보 아카시아 잎
똑똑 따 꿀밤 먹이고

오디 따 먹고 보랏빛 입술
바라보며 깔깔거리던 동무들

코로나로 만나지 못해
아카시아 꽃향기에
띄워 보낸다

산천의 봄

너와 나 그리움 찾아
앞서거니 뒤서거니
달려가는 발걸음

버들피리 만들어 삐삐 빽
추억 소환하고

실안개 피어오르는 언덕
봄 햇살 가득 품고
지천으로 올라온 쑥

철퍼덕 주저앉아
유년 시절 고향의 봄을
바구니 가득 담는다

모락모락 끓어오르는 쑥 향
입안 가득 퍼지는
산천의 봄

춤추는 봄

빛 고운 푸른 하늘
내 마음 띄워 두둥실
짙어가는 싱그러움
내뿜는 향기 따라

따사로운 춘심 햇살 품고
너울너울 춤추는 봄

실개천 물길 따라 연둣빛 수양버들
두 팔 벌리고
한들한들 꽃들의 향연
나팔 소리 나를 이끄네

푸르른 나뭇잎 사이로
쏟아지는 햇살 한 줌
스미는 그리움

초목이 불러주는 은율 따라
노래 부르니
내 님도 바람결 장단
화음으로 답하네

용문사

굽이굽이 휘돌아
졸 졸졸 흐르는
계곡 따라 쌓아 올린 돌탑

숲속에서 들려오는
새들의 노래
산사의 풍경소리

노란 은행잎 울타리
염원 담은 글 걸어놓고

천년의 세월
은행나무 허리에
옹이를 업고 부릅뜬 눈

살랑살랑 봄바람 타고
푸른 옷 갈아입을 청춘을 본다

산수유

돌담길 산수유 꽃길 따라
봄 향기 가득 담은
소담한 마을

억겁의 세월
살을 깎아 내는
모진 사연 품고 품어

회삼을 덮어쓰고
말없이 버팀목이 되어준
느티나무 정자

고목이 된 산수유
정겹게 반겨주는 언덕배기

철 지난 열매 가득 달고
노랗게 물들이니

직박구리 주렁주렁 산수유
쪼르륵 찍찍 노랫소리
봄을 먹는다

#회삼→회삼물

벚꽃

얼룩진 마음
새하얗게 피워내는
벚꽃

활짝 웃는 너를 보며
나도 웃는다

봄이 오는 내 고향

처마 밑 노란 산수유
햇살 드리운 창에 걸어놓고

하늘하늘 연분홍 진달래
곱게 피어 산하를 물들이네

산자락 허리 휘감은 운무는
수묵화 그려놓고

하늘에 닿을세라 우뚝 솟은 고리봉
섬진강을 아우르며

굽이굽이 만학동 계곡
물안개 춤추는 고향

청아한 새들의 노래 따라 흘러 흘러
내 고향 젖줄이 되었네

* (사)종합문예유성 가곡 4집 수록곡

여로

얼마나 그리우면
만나기 전
이토록 일렁일까

얼마나 그리우면
손 닿기 전
이토록 파고들까

얼마나 그리우면
너울 파도 출렁이며 반겨주나

푸른 너의 가슴을 열면
네가 내가 우리가 함께였음을

굴곡진 여로
백사장 언저리 하얗게 풀어놓을 때
네가 있어 나 여기 있음을

모정의 요람을 딛고

따스한 햇살
살랑살랑 부는 바람결

포근히 쌓인 낙엽 위
곱게 솟아오른 굴참나무

아낌없이 내어주는
모정의 요람을 딛고
바람결 한들한들

연둣빛 향연
푸른 청춘은 맑기만 하여라

추억을 먹는다

산과 들의 연둣빛 사월
싱그러움 가득 안고

한 마리 나비 되어 하늘하늘
꽃비 날리는 들녘

부는 바람에 살랑살랑
봄의 왈츠를 추고

한 줌의 햇살 움켜쥐고
파릇파릇 올라온 쑥

할머니께서 만들어 주셨던
쑥버무리
입안 가득 퍼지는 쑥 향

늘 내 편이 되어 주셨던
한 조각 그리움

꽃물이 들었어요

꽃이
피고 지는
사월 뜨락

내 가슴도
꽃물에 향기 날리고

붉은 노을 너울너울
사랑의 세레나데

그대의 몸짓 고운 자태
붉게 타올라

연분홍 치마
봄바람 살랑살랑

언덕배기 진달래
온 산야를 물들이네

고향의 봄

도란도란 등굣길
이른 밭갈이

농부 손길
봄바람 찬 이슬

올해의
풍년을 염원하며
어허야 디야

삽살개 따라 나와
꼬리 흔들며

이랑 고랑
농부 아저씨
바지 붙들고

아지랑이 아롱아롱
농부의 꿈 그린다

주고 싶은 마음

장미꽃을 보면
누군가에게 주고 싶다

탐스러운 고운 자태
그윽한 향기로

온몸 시선 다 받아 마음
빼앗지만

따뜻한 사랑 하나
피워주고 싶어

받고 싶은 마음보다
주고 싶은 마음

천년 누각

고운 햇살 내려앉은
연둣빛 물결

맑은 계곡
흐르는 물길 속

공주와 상사뱀
애틋한 사연 담고

억겁의 세월
유유히 흘러가는 녹수는

청평사 천년 누각
흘러나오는 염불에

산사의 풍경소리
산야를 휘감고

기암괴석 구성폭포
시원스레 떨어지는 낙수에

공주와 상사뱀 춤사위
극락왕생 노래하네

촛대바위

봄 햇살 가득 담고
푸른 파도 일렁이는
동해

기암괴석 절벽 아래
합장하고

머 언 바다만 바라보는
촛대바위

출렁다리 걸어오실
임 그리워 불 밝혔나

억겁의 세월
임 그리워
망부석 되었네

고향 가는 길

어머님 생신으로
그리움 향해 달려가니
마음이 통하셨나

어디쯤이냐
몇 시쯤 도착하냐
시간이 분주하다

내가 나고 자란
추억이 고스란히
묻어나는 곳

부모님 곁으로
달려가는 나는
날개를 달았다

글쎄 있잖아요

뒷동산에
산수유를 심고
매화를 심었더니
꽃동산이 되었어요

현관문 열면 언덕 위
뽀얀 목련은
헤아릴 수 없는 꽃송이
날 오라 손짓해요

어쩜 좋아요
나 봄바람 났나 봐요

춤추는 나비 되어
산수유에 앉아보고
목련에도 앉아보고
매화꽃에 앉아
나풀나풀

어서 오세요

꽃들의 향연
벌 나비 춤사위
앞다투어 피고 지고

바람도 살가운
연둣빛 햇살에 기대어

청량하게 들려오는
물소리 새소리

옛이야기
들려줄 것 같은
천년의 이끼 품은 그곳

텃밭에 푸성귀 산나물 가득
그녀의 향긋한 밥상이
차려진다

아버지의 자전거

멈춰버린
자전거 바퀴 밑
보도블록 틈새

덩굴 해란초가
보랏빛 작은 꽃을 피우고
발길을 붙잡는다

만석지기
허리 펴지 못하고
일만 하셨던 아버지

휘어진 허리 자전거 없이
몇 발짝 뗄수 없다시던
아버지

자식 염원 불 밝히셨네

한라산 영실을 품다

초록으로 화장한 조릿대
어우러진 길 따라

부푼 가슴 한라산
영실에 오르니

철갑으로 무장한 소나무
하늘 찌를 듯 드높고

유월의 언덕
철쭉으로 곱게 물드니

온몸으로 다가온 설렘
영실에 가두고

우뚝 솟은 병풍바위
오백나한

한 폭의 수묵화 품은
백록담을 그린다

바람꽃

언 땅 밀어 올리고
가랑잎 요람 삼아
살며시 고개 내민 그대여

누굴 기다리기에
가녀린 몸 뽀얀 미소로
바람과 맞서고 있나

시린 바람 견디며
돌 틈 사이에 피어난
하얀 그리움의 꽃

그대 향기에 취해
시들지 않고
영원히 지지 않으리

봄비

설렘 가득히
기다림 안고
마주한 당신

미소만 남기고
부끄러워 나무
뒤에 숨었네

봄비 우산 속
그리움 하나

내 안에 소중히
간직한 이 봄

양귀비꽃

녹음이 싱그러운 오월
새들의 노래 연주 삼아

걸어 걸어 만난 한 송이
양귀비꽃

언제 한번 저리
화르르 불태웠을 때가 있었나

꿈의 궁전

바람도 쉬어가는
대룡산 작은 폭포 계곡 따라
물안개 피어오르고
지천에 이름 모를 야생화
지절대는 새들의 낙원

명자는 붉은 입술에
노랑 꽃술 흔들며
벌 나비 유혹하는 하루

앞산 아지랑이 몽글몽글
피어나는 곳에
구름도 머물고 싶은
아늑한 청산에는
작은 산장 하나 있네

밤이면 별 헤며
둥근달 고목 가지 끝에 걸어놓고
시 한 수 노래하는 어느 시인의
꿈의 궁전

* (사)종합문예유성 가곡 3집 수록곡

4부

희망가

다비식

바람 따라 넘어가던 구름도
쉬어가던 고즈넉한 산사에

수없이 많은 연등에
저마다 염원 담아 만삭이 되었네

고요 속
새벽 정적을 깨우는 노승의 염불에
다비식이 시작되었다.

심오한 타종 소리가 울려 퍼지니
산야의 모든 생명 한바탕 춤사위

고운 염원으로 타오르소서

시인의 노래

카페 주변엔 시화가
커피콩처럼 주렁주렁

가을 끝자락에
잔치가 시작되었다

한글사랑 실천하며
즉석 캘리그래피 나눔의 장

환경 사랑 열변 토하는 어느 시인의 열정에
희망이 등불로 떠올라

해맑은 천상의 미소
사뿐사뿐 살랑살랑 훌라춤을 추는 여인

라떼처럼 부드럽게 몽환의 춤사위
시인의 노래가 시작된 거야

산골의 아침

밤사이 내린 이슬에 세수하고
오색 단풍 추녀 끝
이슬방울에 내려앉아 대롱대롱

다람쥐 먹이 찾아 분주한 잰걸음
얻어지는 알밤 한 톨

방울새 쪼르르 쪼르르
노래하는 아침

토실토실 알밤 줍는 맛
머루 다래 왁자한 맛 자랑에
입안 가득 퍼지는 산골은
넓은 엄마 품

희망가

흔들리는 잎새에 영혼이 살아 숨 쉬고
온몸으로 광풍을 받아내는 억척스러운 삶

잿빛 구름 바람결에 실어 먹구름 토해내니
심장이 멎는 정적 속에 고요함은 폭풍전야

어릴 적 추억 소환하는 시골 마당 오일장
뺑이야 아우성에 눈 녹듯 쏟아지는 하얀 속살

희망가 부를 그리움 하나 살포시 내려앉는다

비밀의 오솔길

천년의 세월
이끼로 피어나
계곡이 흐르는 그곳에

수려한 산을 에워싸고
오랜 세월 숲으로 가려진 오솔길

군데군데 나 있는
숲을 자르고 다듬어
내딛는 발걸음

봄이면 꽃씨 뿌려
여름이면 벌 나비 춤추는
길 따라

가을을 노래하며
어느새 설원으로 달려갑니다

나는 울지 않으리

바람결 서걱대는 갈대의 울음소리가 서러워도
나는 울지 않을 테요

살을 에는 찬 바람에도
나는 흔들릴지언정 일어설 테요

해 맑은 눈빛 너희가 있어
삶이 희망으로 버팀목이 되었지

이젠 한 가정의 가장으로
눈에 넣어도 안 아플 손주를 안겨준 아들아

묵묵히 엄마 눈물 닦아주며
토닥여 주던 딸 있어
나 여기 서 있네

휴케라

운길산 수종사 바위틈
단풍잎 깔고 앉아
피보다 더 붉은 줄기

오종종히 꽃망울 머금고
불 밝히고 있다

이루지 못한 발자취
한 계단 두 계단 걸어오실 님
염원 담은 돌계단

북한강과 남한강이 하나 되어
흐르는 두물머리 바라보며
억겁의 세월 이끼로 피어나

물소리 종소리 산사의 염불
절실한 마음 하나 품고 서 있네

유일한 희망

아쉬움 속에 떠날 것 같던 계절이
마지막 정을 주나 봅니다

새하얀 꽃송이 아낌없이 뿌려
설산을 이루며 손짓합니다

옷가지 벗어버린 가지 사이로
사락사락 내린 눈이
시린 몸 포근히 감싸주네요

바람결 흔들린 아련한 떨림
가지마다 내려앉은 눈송이
떠나기 싫은 몸부림

매서운 한파에 바람 없는 날씨만이
유일한 희망입니다

가을 소나타

가을 낭만을 쓰는 소리

바스락바스락
그리움이 말려 한 포대

너와 나
남아있는 언어들의 속삭임
별빛 되어 흐르고

맑게 쓸린 길 위에
낙엽 하나 하르르 내려앉아
별빛으로 안겨 온다

핑크뮬리

갈 바람 파고드는 어느 날
내 마음에
사랑하나 품었습니다

발갛게
그리움이 익어가는 계절

드넓게 펼쳐진 핑크빛 물결

나는 그만
몽환의 꿈속으로
깊은 잠이 들고 말았죠

희망의 날갯짓

자연을 아우르는 동양과 서양이
과거와 현대가 공존하는 세상

파도가 춤추듯 일렁이고
일렁이는 물결이 지평선 아래
숨을 고른다

지친 삶의 무게 드넓은 광야에 묻고
희망의 날갯짓 구름 두둥실
한 폭의 수채화 가슴에 그린다

청춘의 기개

고속도로 콘크리트 회벽을 타고
오르던 담쟁이넝쿨

곱게 벽화 그려 설레게 하던
푸른 청춘의 기개

님의 발자취 홍엽으로 물들여
고운 손 흔들어 반겨주던 숨결

한점 바람에 미련 없이
팔랑팔랑 유영하듯 떠나는 그리움

춘삼월 살랑 부는 바람 안고
방긋 웃어줄 널 그리며
꿈을 꾸련다

가을 향기

따사로운 햇살 갈바람 타고
굽이굽이 휘돌아

천상의 채색
설악의 깊은 계곡 따라 안겨든다

한계령 정상 따듯한 찻잔 속
모락모락 춤추는 차 향기에

가을은 그렇게
또 하나의 추억을
낙엽 따라 띄워 보낸다

가을은

높고 푸른 쪽빛 하늘
살랑 부는 바람에
개울 건너 산자락

굴참나무 사이로
따스한 햇살 한 줌
나를 어루만지고

투둑투둑
가을이 익어가는 소리

하나둘 주워 담는 기쁨
어느새 채워지는 곳간
만삭이 되어가네

다람쥐 밥 남겨주는 넉넉한 마음
풍성한 가을걷이에

토실토실 알밤 한 톨
다람쥐 입안에서 살살 녹겠지

산정호수

그리움이었을까

하늘엔
낮게 드리운 구름 떠 있고

아침 햇살 가득 품은 금빛 윤슬
파란 하늘
붉은 단풍 스미는 바람

따뜻한 온기 전해 오는 듯
가둬 둔 그리움

내 안에 호수가 되었네

화려한 외출

갈 곳 잃어 방황하던 발길이
어느 순간 깊은 산중 이름 없는
산사에 발 들여놓는다

발길이 뜸한 고즈넉한 산사엔
정적만이 감돌고
뒤뜰 굴뚝엔 뽀얀 연기만이
인기척 느끼게 하는구나

병풍처럼 늘어서 있던 빛고운 가을은
화려한 잔치의 막을 내리고
처마 끝에 매달린 풍경소리만
산사의 고요함을 달래주고 있네

노승의 손길 속에 자라난 감나무는
찬 서리 맞아가며 잎새 떨구고
까치밥 한 알 남긴 채 외로움에 떨고 있구나

가을 끝자락 힘없이 손 놓은 마지막 잎새
발밑에 바스락거리는 울림
떠나가는 그리움 뒤로한 채

발길은 은빛 설원으로
화려한 외출을 준비하는지도 모르겠다

가을 풍경

갈바람에
훨 훨 날고 싶어 단풍 따라나선 길

하늘하늘 코스모스
방글방글 미소로 반기고
노란 들국화 봄날 병아리 떼
무리 지어 노닐듯 어찌 그리 예쁜지

홍엽으로 타오른 능선
구름으로 살포시 내려앉아
오색으로 물들어 가는 골짜기

고운 단풍 따사로운 햇살
시린 마음 한 자락
바람에 실어 띄워 보내니

오색약수 한 모금에
켜켜이 쌓인 묵힌 감정 녹아내리고
곱디고운 그대 아름다운 한순간
살아진다 한들 어이 잊으리

연서

호수처럼 잔잔한 바다가 평온을 부르고
올리브 나무가 동산을 이룬 곳

카파도키아 드넓은 벌판에
솟아오른 기암괴석들
숨 쉬는 영혼 속에 그대 부르고

쪽빛 하늘 낮게 드리운 새하얀 구름 백지 삼아
그리운 그대에게 그리움 꾹꾹 눌러 담아

여유롭고 풍요로움 가득한 가을날
아름다운 소식 전하고 싶은 마음
그리움의 연서 띄웁니다

선물 같은 하루

하늘하늘 바람 타고
곱게 물드는 가을 나들잇길

상암벌 하늘공원엔
무지갯빛 시어들로 가득 찬
시화전이 열리고

억새 춤사위 다잡은 마음
흔들릴까 부여잡은 손

하늘 품은 연초록 등나무 그릇에
고운 시향 오롯이 담긴다

주렁주렁 열리는 열매에
아침을 열어주는 이슬 머금은
나팔꽃 춤추는 선물 같은 하루

하늘이 가까워
하늘공원이라 했던가

늦가을 산책

사그락사그락 낙엽을 밟으며
출렁다리 맞닿은 곳

흔들흔들 흔들리지 않고
가는 세월이 어디 있겠냐 마는

인생 여정 옹이 되어
명치끝에 걸려 소화되지 못하네

불어오는 찬 바람에 얼어버린
산기슭엔 스산한 바람만 싸늘하다

만학의 꿈

앞만 보고
일벌처럼 살아온 세월
이젠 끝이 보이는 터널에 와

꿈을 잉태한 청춘을 더듬어
내 한계에 갇혀있지 않고
목젖에 걸린 못다 한 열정

새로운 비상의 나래
기나긴 세월 못다 한 꿈을
희끗희끗한 머리에 펜을 들어

피 끓는 젊은이들과
어깨를 나란히 캠퍼스를 누빌
꿈을 엮는다

나유순 시집 『노을은 청춘을 걸어두었다』 평설

서정의 길에서 체험으로 피운 비유의 꽃

공영란(문학평론가, 작가, 커피하길 대표)

문학은 언어예술이다. 예술은 인간에게 소중한 미적 가치를 규명해 주는 동시에, 언어를 통해 자신만이 느낀 삶의 갈등과 부조화의 현상을 자연스럽게 표현하거나, 인식하는 장점이 있는 삶의 증언이자 고백이라고 할 수 있다. 그래서 글을 보면 작가의 내면과 현실이 동시에 보이기도 하지만, 독자는 그것을 초월하여 글 속에서 전혀 예상치도 못한 깜짝선물로 슬픔을 이길 힘과 소망을 품고, 사랑을 배워, 믿고 의지하는 새로운 힘을 얻기도 한다.
시 쓰기는 저장된 자유 연상에서 지성과 감성, 이성을 조합하여 독자의 의식계로 방출해 감동의 정서를 자극하는 행위로 볼 수 있다. 즉, 시인의 현실 인식에 대한 고찰과 투사된 표현의 명료함과 이미지의 창출, 사상과 철학이 함유된 기저(基底)가 독자의 욕구에 충족돼야만 비로소 시다운 시라 할 수 있다. 따라서 시의 방향성은 자연 혹은 물질을 망라하여, 어떤 시각에서 정체성을 찾느냐가 관건이다. 본질과 속성, 상징, 비유의 개념이 축적된 경험의 테두리에서 실존의 그릇에 과하지 않게 담겨 있을 때, 비로소 시의 축대가 튼튼하게 자리할 수 있다. 그러므로 시인은 늘 바라보는 자와 바라보기를 원하는 자의 틈바구니에서, 억압된 자아의 감성적 분출을 적절하게 조절하여, 상상계 속 내재 된 시인의 음감과 음성을 방어기제의 저울로 적절히 배분해서, 가성 없는 진정한 울림으로 독자의 심금에 침잠(沈潛)하는 실체로, 보존성과 공유의 존재성을 인정받아야 한다. 쉽게 말해 시(詩)는 이런 것이야. 하는 생각의 기본 바탕을 정서 순화, 나아가 정서 함양의 효용에 둔다면, 시인은 반드시 여린 감성으로 시에다 촉촉한 서정(抒精)을 깊이 깔아야 한다. 나유순의 시에는 그 촉촉한 서정이 깔려 있어, 독자에게 맛깔나게 읽히지 않을까 싶다. 그녀 시의 소재들은 거의 모두가 그가 살아온 인생과 삶에서 가져온 것들이고, 자연과 생활 체험에서 보고, 듣고, 느낀 바를 시화(詩化)했다. 특히 시에 실상(實像)을 택해 그 나름의 의미(意味)와 주제(主題)를 붙여 의미화(意味化)했다.

1부 <쉼터가 되어준 강>에 담긴 시에서도 그것은 뚜렷하다. 스치고 지날 수 있는 자연환경 속에서 과거와 현재의 추억과 그리움뿐만 아니라 희망찬 미래까지 망라한 뿌리의 바탕이 되는 삶에 대한 깊은 애정과 애착에도 사랑과 존중이 담겼음을 느낀다. 그래서 나유순의 시 속에는 대상과 화자가 수식하지 못하는 불확실한 동거가, 추상적인 정서에 머물지 않고 구체화 된 비유로, 시의 묘미를 극대화하고 있다.

2부 <노을은 청춘을 걸어두었다>을 보면, 어쩌면 지루하고도 길게만 느껴질 수 있는 세월 속에서, 매일 같이 사랑하고 상쾌한 발걸음 뚜벅이며 살아가야 할 인생이지만, 가고 또 가는 길모퉁이 수없이 많은 억겁의 인연에, 노을보다 더 아름답고 황홀한 순간들을 만나기도 하지만, 때론 원치 않아도 지워지지 않는 아픔과 고통을 만나기도 한다. 수많은 인연 속 만남의 대상이 사람이나 자연이든 간에, 어떤 만남인가에 따라 삶의 지표가 달라질 수도 있음을 느낀다. 불볕더위 속 긴 하루가 지나고, 또 저 고운 노을을 바라보며 가는 세월, 수정발 내려놓고 영롱함 간직하며, 우리의 황혼도 저리 아름다운 그림일 수 있길 바라는 마음으로, 익어가는 사색의 깊이만큼 풍부한 나유순의 감성 시집이, 독자의 마음도 아름답게 익어가도록 할 것이다.

세월은 누구나 붙잡을 수 없는 시간의 연속이다. 오래된 기억 속에는 사랑했던 사람은 물론이고, 삶의 여정에서 만났던 사람들이 흐르는 강물처럼 스쳐 지나간다. 그러므로 오랫동안 간직된 기억의 강. 숨겨진 인식의 늪에는 정적인 동요가 일고, 그 숨결에 웅크리고 있던 눈 속에서, 복수초가 모습을 드러냄 같은 인연의 질긴 고리가, 소멸치 않고 시인의 의도와 무관하게 존재의 거대한 이음줄로, 시의 거리에서 긴장의 끈을 놓지 않게 한다.

나유순의 시 3부 <여로> 속에도 바다보다도 넓은 사랑으로 채워주신, 할머니에 대한 무한 그리움과 생모에 대한, 아련하고 애틋한 추억의 영상이, 지금 곁을 지켜주시는 부모님께 이음 된 모습을 보이는가 하면, 또 자녀에게로 전이되어, 사랑은 늘 살아 있음을 느끼게 한다.

드릴 밀착한 윙 소리가
고로쇠나무를 깨운다

중략

내 몸도 수액으로 팔팔하게 깨어난다

－물오른 고로쇠－ 본문 중에서

상처와 얼룩진 하얀 서러움들이 끝과 시작의 물결에서, 온몸 벗겨져야 고운 몽돌로 거듭나고, 막막하도록 까마득한 사막에 숨겨진 생명수처럼, 한마음을 적시고 영혼을 깨워 행복을 주는 것처럼, 시는 그런 것이다. 라고 나유순 시인은 말하는 듯하다.

'어느 시인의 이야기'와 '종달새 노래'에서는 마음 아리도록 그리움 따라 듬뿍 챙겨 놓은, 아름드리 되새겨 갈값진 사랑. 함께 지혜를 모아 손잡고 웃으며, 즐거운 여정 가고 싶은 소망 샘솟게 하는 예쁜 추억을 그려, 고독한 여행자의 깊은 숨결이 사랑인지, 우정인지 알 수 없는 보랏빛 엽서로 피어날 것 같은, 상쾌한 발걸음 뚜벅이는 그 길 위에서, 마음속에 고이 간직한 사랑의

주머니를 뒤적이게 한다.
그뿐인가, 피렌체 다리 위에서 우연히 마주쳤던 베아트리체의 수줍은 미소엔, 낭만의 정서와 열정이 실려 있는 것처럼, 장미는 녹색 치마 밑 가시에 사랑을 숨긴 채 햇살 깔고 앉아, 웃음 흘리며 진홍빛 향기로, 사랑의 추억 가슴 한 결 아련함으로 남아 맴도는 신록의 그리움 안고, 비밀스러운 사랑을 꿈꾸며 숲으로 걸어간다.

녹색 치마 밑 가시 하나 가린 채
장미가 월담하고

중략

바람난 진홍빛 향기
푸른 신록 안고 너울너울
숲으로 걸어간다

—본문 그해 오월— 중에서

인간의 내면과 겉면을 더하고 곱하거나 나누고 빼도, 형체 없어 쉽사리 풀리지 않는, 깊게 숨겨진 그 어떤 까슬함을 안고 살아가는, 현대인의 삶 속에 지침 없이 돌아보며 성찰하여, 마음이 머물도록 만용 없이, 본능적인 깨달음과 자유분방한 상상의 나래를 펴고 싶지 않지만, 또 누구나 깨어야 할 단단한 껍질 같은 사고(思考)의 함정에서, 상상의 뚜껑을 여는 현실로 그리움은,

아름다운 꽃으로 피어 희망으로 안겨 옴을 느낀다.
그리움이었을까

겨울나기 위해 베란다 있던
싸늘한 화초
거실에 들여와 손잡고
고운 정 나눴지만, 잎만 무성

시원찮아 베란다에 놓아둔 화분
따뜻한 봄 햇살 끌어안더니
꽃대를 밀어 올려
당당히 맞서고 있지 않은가

곱게 다듬어 물을 흠뻑 주었더니
얼었던 마음 함박웃음 짓고
은은한 향기로 살며시 안겨 온다

―혹한 속 화초 전문―

문학을 한다는 것은 어렵고 힘든 고난과 외로움을 수반한 분명 쉽지 않은 일이라는 걸, 우린 현실이라는 삶에서 어쩔 도리 없이 깨닫지만, 끌어당기며 놓으려 하지 않는 희망의 끈에 불굴의 정신으로, 최선을 다하는 모습으로 살아 숨 쉬는 삶의 성취로, 궁핍한 은둔은 고립과 고독만 존재한다고 보는 이에 따라 판이해 달라질 수 있는, 죽은 자들이 들어가는 가을의 대지로 들어가기 위한 영혼처럼, 망각의 강을 산 채로 건너가야 점

(點)이 선(線)이 된다. 그 선(線) 하나가 출발이 되어 하나의 그림이 되듯 기호학의 문자 영역도, 인류문명에서 복잡한 인간의 삶에 논리와 실증적 발전을 체계화하는데 지대한 영향으로 작용하였을 것이다. 말과 달리 머릿속 생각과 마음의 감정 전달에 분명한 한계치가 존재함을 알게 한다고나 할까, 이렇듯 틀림없는 기호학의 르네상스를 꽃피운 문자임에도 정작 많은 이들은, '글쓰기'라는 작업과 마주치면 온통 질책의 투창과 '어찌할 바 모를' 고통에 직면하지만, 속된 말로 글쟁이라 칭하는 우리 문인들에겐 필경 '자기만족'에 그치지 않는 축복이라 느낀다. 하여, 글은 삶을 깨우치기 위한 도구이기도 하지만, 지혜의 백리향 꽃이 되어 사회를 아름답게 순화시키기도 한다. 힘겹고 각박한 현실에서 문학은, 청명한 하늘 같아 지친 영혼에 따뜻한 위로와 활력을 주는 여가와도 같다. 별 준비 없이 떠난 동해 여행. 저녁 무렵 황금빛 바다의 황홀함이 여행객의 발걸음을 붙잡고, 늦은 시간까지 바라본 바다 풍경. 쉼 없이 몰아치는 파도를 맞는 바위들과 어둠 속 먼 해안 저 너머 작은 섬들의 모습도, 피할 수 없는 운명에서 묵묵히 나이테를 그려가지만, 등대라는 불빛이 있어 얼마나 다행한 일인가 하는 생각 속에서, 상상은 또 하나의 시가 되어 4부 <희망가>에서 새 희망가를 부른다.

시의 생명력은 함축에 있다고 해도 과언이 아니다. 나유순 그녀의 시는 주로 단시(短詩)로 함축되어 긴장감을 준다. 때로는 대화하듯, 때로는 수식 없는 마음의 표현을 사실적 직설법으로 써낸 서정시들로, 시 창작법의 고유한 시론(詩論)을 벗어나지 않는 범위로, 독자들에게 동질감이나 공감대를 이루는 감동이 숨어 있다. 이런 걸 보면 그녀는 통합 감수성으로 작품을 쓰는 시인 같다. 시의 내용과 표현, 사상과 감성을 능란한 솜씨로, 말하자면 쉽게 쓰면서 알차게 읽히는 그런 아름다운(美) 시들이다. 미(美)의 추구가 어느 한 가지로 가늠할 수 없는 것처럼, 시(詩)도 그러하다. 무엇을 또 어떻게 써야 아름답고 감동적일까가 늘 문제이므로, 다양한 시어들로 시인은 기교를 부려 시를, 적재적소에 어울리는 시어들을 배치하여 아름답게 쓸 수밖에 없다. 그 감동을 위해 쓴 감성 시어들을 독자들이 잘 해석해서, 퍽 아름답고 감동 있게 읽어주면 시인은 가장 큰 보람일 것이다. 그러나 사람의 사고(思考)는 이성과 감성에 따라 표현의 의미요소가 다른 영향을 받기 때문에, 참과 거짓이라는 판단처럼 논리적 요소에서 보면, 서로의 사이 간격 틈새가 크다는 걸 알 수 있다. 이성(理性)은 사물의 이치를 논리적으로 생각하고 판단하는 능력이므로, 그 판단의 기준점과 논리성에 따라, 형식이나 법칙 또는 사물의 이치가 결정되는 경향의 법칙성을 말하나, 감성은 O X를 사용하는 게 아니라 '감성이 풍부하다.'라는 표현처럼, 간격보다는 정도의 차이를 나타내는 의미요소를 담고 있을 수 있어, 묘하고 모호하다. 그래서 사람의 감성은 개인마다 차이가 있을 수 있고, 언어적 논리의 틈새를 메워줄 수 있는 표현을 바라보는 시각에 따라 다른 해석이 가능하여, 흑백논리로 단정하고 평가하는 것은 가능하면 삼가야 한다고 사람들은 말한다. 이러한 연유로 시인은 감성적 언어 즉, 적재적소에 세밀한 비유를 빌어 선택한 감성의 시어로, 풍요로운 표현을 만들어 화자에게 새로운 느낌을 주어, 다양한 관점에서 바라보고, 시적인 표현을 읽을 수 있도록 이끈다. 그렇기에 시의 언어인 감성의 언어는, 논리의 틈새를 메워주는 데에 유용한 표현이다. 그러므로 글을 쓰는 이라면 누구나 할 것 없이 응당 한 번 글을 쓰고 마는 게 아니라, 소가 여물을 먹고 바로 삼키지 않고 수십 번 되새김질하듯이, 쓴 글을 되새김의 퇴고로, 옥고의 과정을 거치면서 시의 언어인 감성의 언어를 찾고, 새로움을 발견하여 창조하는 씨앗을 만들어, 또 한 걸음 자신을 성장시킨다. 그런 점에서 보면, 문학은 온전히 감성적이어야 한다는 논리로 무장한 감성의 상투화가 만연한 시대. 그러나 감성의 뒷받침이 올곧게 이성적이야 한다는 것을 인지하는 글쟁이들이 과연, 몇이나 될까? 비로소 알았던 어제를 겪고, 그 짧은 경험으로 계속 알 것 같은 오늘이 도착했을 때, 정작 오늘이라는 것은 종종 소시오패스나, 심하게는 사이코패스 같은 풍광을 드러낸다. 삶에서 일어나는 파문을 정직하게 괴로워할 줄 아는 자세로 글을 쓰는 것은, 단순한 것 같아도 여간 어렵고, 까다로운 것임을 글쟁이들은 글을 쓰면서 깨닫게 된다. 이러한 점에서 삶, 인생이라는 것에서 지나온 길을 되짚어 본다거나, 앞으로 갈 길을 더듬어 유추해 본다고 하여도, 확실한 그 무엇을 손아귀에 반드시 쥘 수 있지는 않지만, 불확실성의 세계에서 선명한 명주실 같은 것이 또렷하게 기억날 때가 있는 것처럼, 존재함에서 진부(陣腐)하지 않은 자신을 위한 성찰의 기회가 되지 않을까 싶다. 경험과 상상의 원동력으로 가시성을 뛰어넘는 진수로 과거와 미래, 하늘과 땅, 머나먼 우주 공간까지 넘나들 수 있도록 글쟁이는 할 수 있는 일이지만, '마당을 나온 암탉, 꿈이란 내가 이루어 내는 기적이다.' 같은 동화처럼, 어리석고 부끄러움일지 모를 글을 자신과 독자들 입맛을 고려, 충분한 발효와 숙성을 위한 수없이 퇴고하는 수고를 감사하며, 소소한 일상과 묵혀둔 상념들이 시인의 정제된 시어로, 자유롭고 편안한 필체로 삶의 이치를 고스란히 담아내어 글을 쓴다는 것이, 여간 불편하고도 힘든 과정의 옥고임을 안다. 그렇기에, 자기 발전의 감동이야말로 백 가지 수다한 일상의 양태들이 격절(隔絶)되지 않게, 거듭 확인하여 엮으시느라 애쓰시고 수고하신, 나유순 시인의 열정과 노고에 박수를 보내며, 많은 독자에게 심금을 울리는 감동을 주기에 부족함이 없다고 여겨져, 사랑받고 애송되길 기원한다.

나유순 시집

노을은 청춘을 걸어두었다

발 행 2024년 10월 15일
지은이 나유순
펴낸곳 성문디자인
　　　　강원특별자치도 춘천시 중앙로134번길 31
전　화 033)252-2733
E-mail smyooin@hanmail.net

ISBN 979-11-987414-4-8　03800
ⓒ 나유순, 2024, korea

값 12,000 원

잘못된책은 바뀌드립니다.
이책의 저작권은 저자에게 있습니다. 저자와 출판의 허락없이
내용의 일부를 인용하거나 발췌하는 것을 금합니다.